BARREAU DE LYON

OUVERTURE DE LA CONFÉRENCE

DE LA

RÉFORME

DE

L'INSTRUCTION CRIMINELLE

DISCOURS DE RENTRÉE

Prononcé à la séance du 2 Mars 1885

PAR

Mᵉ Louis DULAC

AVOCAT, DOCTEUR EN DROIT

LYON

IMPRIMERIE MOUGIN-RUSAND

3, Rue Stella, 3

1885

DE LA RÉFORME

DE

L'INSTRUCTION CRIMINELLE

OUVERTURE DE LA CONFÉRENCE

DE LA

RÉFORME

DE

L'INSTRUCTION CRIMINELLE

DISCOURS DE RENTRÉE

Prononcé à la séance du 2 Mars 1885

PAR

Mᵉ Louis DULAC

AVOCAT, DOCTEUR EN DROIT

LYON

IMPRIMERIE MOUGIN-RUSAND

3, Rue Stella, 3

—

1885

DISCOURS DE RENTRÉE

DE LA

CONFÉRENCE DES AVOCATS STAGIAIRES

Prononcé à la Séance du 5 Mars 1885,

Monsieur le Batonnier,

Messieurs et chers Confrères,

J'ai souvent entendu dire que la défense était libre, mais
j'ai toujours pensé qu'elle ne l'était pas : la défense, en
effet, ne saurait être véritablement libre qu'à la condition
de pouvoir se produire en même temps que l'accusation.,
Nul en France, il est vrai, n'est jugé sans avoir été entendu
et l'avocat a le libre accès du prétoire, mais — permettez-
moi cette comparaison — l'avocat appelé après la clôture
de l'information ressemble quelque peu à certains combat-
tants de joyeuse mémoire, dont la spécialité était d'arriver
toujours trop tard. Il arrive trop tard, parce qu'il est quelquefois impuissant à faire triompher devant le jury une
cause juste, compromise par des témoins haineux ou impru-

dents, compromise par l'inculpé lui-même, qui, dans son trouble et son égarement, dit tout, excepté ce qui ferait éclater son innocence. Il arrive trop tard aussi, parce que l'acquittement n'est pas une réhabilitation, parce que la seule comparution devant la justice répressive est une souffrance qu'il faut épargner le plus qu'on peut aux inculpés ; enfin, parce que c'est une tache ineffaçable dans la vie d'un homme.

Les vices de notre instruction criminelle, depuis long-temps signalés par les publicistes, ont décidé le Gouvernement à préparer une réforme ; c'est d'elle que je viens vous entretenir pendant quelques instants.

Je ne vous referai pas l'histoire de la procédure criminelle ; sur ce sujet tout a été dit. Plus sage que l'avocat dont parle RACINE, je ne remonterai même pas jusqu'au déluge ; j'étudierai la procédure préparatoire telle que nous l'ont donnée les législateurs de 1808. Quand j'aurai rappelé à grands traits son fonctionnement, je formulerai mes critiques ; après l'attaque, ou en même temps qu'elle, viendra la justification. J'essaierai de reconstruire sur les ruines.

Je vous apporte, Messieurs, une profonde conviction née de l'étude consciencieuse d'une réforme que j'appelle de tous mes vœux. Je discuterai sans haine et sans partialité, sans passion comme sans faiblesse ; je ne ferai pas de politique parce que, dans cette enceinte plus qu'ailleurs encore, toutes les convictions doivent être respectées.

Je parle ici au nom du Droit, de la Liberté, de la Justice,

et je ne plaide point la cause d'un parti. Tous ceux qui violent le droit sacré de la défense je les combats, quel que soit leur drapeau.

Il est incontestable que le principe de la liberté individuelle n'est pas un principe absolu et sans limites ; quand la Société relève contre un de ses membres des indices de culpabilité, elle peut et doit se mettre en garde. Il serait souvent à craindre que l'inculpé laissé libre ne profitât de cette liberté pour se dérober par la fuite au châtiment qu'il mérite, ou pour supprimer les traces de son crime, suborner les témoins, se concerter avec ses complices. « Une exemption absolue de l'emprisonnement dans tous les cas, dit quelque part BLACKSTONE (1), est une chose incompatible avec toute idée de droit et de société politique. Si cette exemption était admise, il serait impossible de protéger ce droit, et la société et toute liberté civile seraient insensiblement détruites. » Vous savez que BLACKSTONE a été l'un des plus ardents défenseurs de la liberté individuelle.

Mais, tout en reconnaissant que dans certains cas il est nécessaire de porter atteinte à la liberté, je considère la prison préventive comme un mal, puisque c'est en réalité une peine qu'on inflige à celui dont la culpabilité n'est pas encore démontrée. Il faut en user avec la plus grande réserve.

Le juge d'instruction, chacun le sait, est chargé de la

---

(1) BLACKSTONE, né à Londres en 1723, mort en 1780 — V. *les Commentaires sur les lois d'Angleterre*, L. III, ch. 8.

procédure préparatoire. Il a le droit de faire comparaître devant lui, pour les interroger, et de priver de leur liberté les individus contre lesquels s'élèvent des présomptions graves de culpabilité.

Pour faire comparaître un inculpé devant lui ou le placer sous la main de justice, le magistrat instructeur lance un mandat, qui, suivant sa rigueur, porte des noms différents. Il y a d'abord le mandat de *comparution*, le plus doux dans sa forme et dans ses effets, puisque l'inculpé se présente seul et libre (2). En second lieu, il y a le mandat d'*amener*, qui prescrit à tous les agents de la force publique de procéder à l'arrestation de l'inculpé. Enfin, c'est par les mandats de *dépôt* et d'*arrêt* que s'effectue la détention préventive.

Depuis que la loi du 14 juillet 1865 a permis aux juges d'instruction de donner à toute époque main levée des mandats de *dépôt* et d'*arrêt,* il est difficile d'indiquer dans quels cas chacun d'eux doit être employé. Ils ont le même but, leur mode d'exécution est le même, et aussi la même autorité s'y attache ; ils ne peuvent être levés qu'en suivant la même procédure. Mais, — c'est sur ce point que je veux appeler l'attention — les garanties qu'ils offrent sont bien différentes. Le mandat d'*arrêt* est le seul qui doive porter l'indication du fait pour lequel il est décerné et la citation du texte de loi qui le qualifie crime ou délit. Sur ces deux points le mandat de *dépôt* est absolument muet (3).

---

(2) Art. 91, *Instr. crim.*
(3) Art. 95 et 96, *Instr. crim.*

Ainsi, un honorable citoyen peut être brusquement arraché à sa famille, à ses affaires, voir compromettre sa fortune et son honneur, sans qu'il sache ce qu'on lui veut, pourquoi on le violente ainsi, de quoi on l'accuse. Et le Code d'instruction criminelle ne limite pas cette captivité, rendue plus insupportable encore par l'ignorance complète dans laquelle on peut laisser l'inculpé des causes de son arrestation.

Si l'on objectait que le mandat de *dépôt* est ordinairement précédé d'un interrogatoire, je répondrais que cet interrogatoire peut n'être qu'une vaine formalité inutile à l'inculpé. « Aucun texte, en effet, dit un magistrat, M. TESSIER (4), ne prescrit au juge instructeur de poser dans un premier interrogatoire les questions d'inculpation. Si le juge se borne à interroger l'inculpé sur des points de détail et réserve pour un interrogatoire ultérieur l'inculpation proprement dite, l'individu subira un certain temps de détention préventive avant de savoir d'une façon précise l'infraction qui lui est imputée. La conséquence c'est *qu'il ne peut immédiatement se justifier.* »

Le mandat d'*arrêt* est donc le seul qui offre à l'inculpé les garanties auxquelles il a droit. Je constate avec regret, Messieurs, que ce n'est pas à lui qu'on a le plus souvent recours dans la pratique ; M. FAUSTIN-HÉLIE (5) déclare

---

(4) M. TESSIER, Docteur en droit, juge au Tribunal civil de Louviers, *Instruction criminelle et liberté individuelle, réformes urgentes,* 1881, p. 29.

(5) *Pratique criminelle,* p. 28.

que le mandat de *dépôt*, vu ses formes simples et expéditives, tend à se substituer complètement au mandat d'*arrêt*..... le mandat de *dépôt* dont un magistrat a pu dire récemment : c'est une véritable lettre de cachet (6).

Il est vrai que depuis la loi du 14 juillet 1865, la détention préventive n'est jamais obligatoire pendant la procédure d'information. Le juge d'instruction jouit d'un pouvoir discrétionnaire pour mettre les inculpés en liberté provisoire, comme pour les constituer en état de détention préventive. Il peut accorder la liberté *en toute matière*, avec ou sans caution, c'est-à-dire même à des individus poursuivis pour crimes, à des vagabonds, à des repris de justice. Mais, je ne crains pas de le dire, la loi de 1865 n'est libérale qn'en apparence ; si elle supprime tous les obstacles élevés par la législation antérieure, elle met entre la liberté et l'inculpé une barrière parfois trop difficile à franchir : la volonté du juge d'instruction. En fait, les magistrats instructeurs n'aiment pas à accorder la liberté provisoire et souvent la détention préventive n'est employée que pour faciliter la marche de l'instruction. C'est là un abus regrettable, né comme beaucoup d'autres de l'omnipotence de ceux qui la dirigent, et que ne sauraient justifier des considérations de convenance et de commodité (7).

Je ne m'inquiète pas de l'inculpé qui a su fléchir le juge

---

(6) Voir la note (4).

(7) GARRAUD , *Précis de droit criminel*, 2e édit. p. 610, 611, 615.

ėt obtenir son élargissement ; celui-là pourra s'éclairer auprès des hommes compétents et s'assurer le concours d'un défenseur. Mais je m'intéresse au sort du malheureux qui n'a pu recouvrer sa liberté, qui devra passer des semaines et des mois en prison en attendant le jour de l'audience publique, c'est-à-dire avant que la loi mette entre ses mains des armes avec lesquelles il se puisse défendre.

Je sais bien que pendant sa captivité l'inculpé a le droit d'écrire à ses parents, à ses amis ; mais ses lettres doivent passer sous les yeux du juge d'instruction. Il lui est permis de voir sa famille, mais ses relations avec elle, les seules qu'on autorise, sont l'objet de telles difficultés et de telles restrictions qu'elles ne peuvent pas lui être utiles pour sa défense (8).

Tel est le régime ordinaire de la prison ; il n'est pas assez sévère au gré des magistrats instructeurs. Ils ont, en effet, le plus souvent recours à une mesure exceptionnelle que, pour ma part, je verrais avec plaisir rayer de nos lois (9) : je veux parler de la *mise au secret* que le Code appelle par euphémisme *interdiction de communiquer* (10).

---

(8) V. le discours de M. GOMOT à la Chambre des députés : *Journ. off.* du 31 octobre 1884.

(9) Ou plutôt, restreindre dans de certaines limites que j'indiquerai plus loin. Il peut être utile d'interdire toute communication avec le dehors ou avec les autres détenus ; mais le défenseur doit pouvoir conseiller son client même pendant qu'il est *au secret*.

(10) Art. 613, *Instr. crim.*

L'individu *mis au secret* est pour un temps retranché de la vie. Il lui est interdit de communiquer avec les personnes du dehors et même avec les autres détenus. Bien plus, il lui est défendu de conférer avec un conseil. Les avocats eux-mêmes, à l'honorabilité et à la délicatesse desquels la magistrature rend chaque année un hommage solennel, les avocats sont chassés du cabinet du juge.

Dès lors, remarquez-le bien, l'inculpé est l'objet d'une instruction qui se fait sur lui, contre lui, et *presque sans lui*. Tout le monde le tient en suspicion ; il est seul en face du juge instructeur, c'est-à-dire d'un magistrat habile et expérimenté, — seul, abandonné à ses propres forces, privé du secours d'un parent ou d'un ami, privé des lumières d'un défenseur, privé même de ce soutien moral que l'homme trouve toujours dans la société de ses semblables.

Cependant on agit contre lui ; ses moindres mouvements sont épiés, ses papiers intimes sont fouillés. Les interrogatoires, quand ils ont lieu, se font toujours à huis-clos. Les témoins sont entendus séparément et hors la présence de l'inculpé — les témoins choisis par le juge, car il n'interroge que ceux qu'il lui plaît de citer, de même qu'il ne confie une expertise devenue nécessaire qu'aux experts qui lui agréent.

L'inculpé a-t-il au moins la faculté de faire entendre des personnes qui pourraient le défendre contre l'accusation et témoigner de son innocence ? Nullement. Le juge sans doute puise dans le Code d'instruction criminelle le droit de les faire comparaître (11); mais rien ne l'y oblige et je ne crois pas que dans la pratique l'instruction soit faite *à décharge.*

Tout dans l'instruction préparatoire est donc abandonné à l'arbitraire du magistrat. L'inculpé est en réalité mis à l'écart et il lui est impossible de se justifier immédiatement. C'est à l'audience publique, après la clôture de l'information, que les témoins à décharge sont entendus pour la première fois. Et, comme si le législateur avait craint que le juge d'instruction ne fût trop favorable à l'inculpé, il a placé à côté de lui le Ministère public......... pour relever ses défaillances! Tandis que l'inculpé peut être laissé dans l'ignorance presque complète de ce qui se passe pendant l'instruction (12), le Ministère public, lui, a le droit de suivre pas à pas l'information, de la diriger en quelque sorte par ses réquisitoires, de prendre à tous les instants communication de la procédure et même d'assister aux dépositions des témoins (13). Vraiment, Messieurs, la lutte est inégale. Oui, comme on l'a dit au

---

(11) Art. 71, *Instr. crim.*

(12) V. un ouvrage sur *La réforme de la procédure criminelle en France,* par M. Philippe RONDEAU, conseiller à la Cour d'appel de Poitiers. « Après le premier interrogatoire, dit M. RONDEAU, la loi permet qu'on laisse l'inculpé dans une complète ignorance de ce qui va suivre. L'affaire peut changer de face et la qualification définitive devenir tout autre chose qu'à l'origine de la poursuite, la loi *n'oblige point* à l'en instruire. » V. p. 39.

(13) Argument de l'art. 80, *Instr. crim.*

Sénat (14), la loi est empreinte de partialité; le duel judiciaire qui a lieu dans l'ombre et le mystère est un duel déloyal, parce que c'est la lutte de deux contre un.

Vous allez voir que les garanties dues à la défense ne sont pas mieux assurées devant la Chambre d'accusation. Après avoir déposé sur le bureau de la Cour sa réquisition écrite et signée, le Procureur général, aux termes de l'article 224 (15), doit se retirer ainsi que le greffier. Mais, pour la Cour de cassation — qui n'est pas plus que le législateur soucieuse des intérêts de l'inculpé — la disposition exigeant que le Procureur général se retire de la Chambre d'accusation n'est pas prescrite à peine de nullité; elle admet même que son rapport peut être verbal (16).

En regard de cette intervention de l'accusateur, quels sont les droits de l'inculpé? Il ne paraîtra point devant la chambre d'accusation, dispose expressément l'art. 223 (17). Il est vrai qu'il peut fournir tel mémoire qu'il juge convenable (18), mais la jurisprudence décide que cette faculté n'implique pas pour le Procureur général l'obligation de communiquer les pièces de la procédure à l'inculpé (19). Celui-ci, d'ailleurs, ignore l'envoi du dossier à la Chambre

---

(14) V. le discours de M. Dauphin, au Sénat, *J. off.* du 7 mai 1882
(15) Art. 224, *Instr. crim.*
(16) Consulter une thèse de Doctorat fort intéressante sur la procédure préparatoire, par M. Jamais, avocat à la Cour d'appel de Paris, 1881. V. notamment, p. 125.
(17) Art. 223, *Instr. crim.*
(18) Art. 217, *Instr. crim.*
(19) Toulouse, 2 août 1847, ch. d'acc., S. 47, 2, 481.

des mises en accusation, et aucune mesure n'est ordonnée
par la loi pour lui faire connaître le jour où il sera statué.
sur l'ordonnance du juge d'instruction.

L'inculpé est donc *légalement* obligé de rédiger lui-même
son mémoire, sans la communication des pièces, sans
l'assistance d'un conseil ; il ignore le plus souvent le droit
que la loi lui accorde. Ne suis-je pas fondé à dire que,
devant la Cour comme devant le magistrat instructeur,
l'accusation a tous les pouvoirs, tandis que l'inculpé n'a
aucune garantie ?

Ce qu'il faut retenir de tout cet exposé, Messieurs, c'est
que le plus honnête homme du monde peut être brusquement jeté en prison en vertu d'un mandat de *dépôt*, sans
qu'il sache de quoi on l'accuse, ni quelle est la loi qui le
frappe ;

C'est que cet homme est mis à l'écart, le plus souvent
au secret, sans qu'il puisse communiquer avec personne,
pas même avec un défenseur, qui a prêté serment de ne
jamais rien dire ni faire de contraire aux lois ;

C'est qu'on l'interroge à huis-clos ; qu'on a le droit de
ne pas le confronter avec les témoins et le devoir de les
interroger hors de sa présence ;

C'est qu'il est permis au juge d'instruction de n'entendre
que des témoins à charge et que c'est à l'audience publique
seulement, c'est-à-dire plusieurs mois après son arrestation, que l'accusé peut produire une défense véritablement
éclairée et libre ;

C'est, en un mot, que depuis le moment de son incarcération jusqu'à son renvoi devant le jury, aucune disposition de la loi ne protège l'inculpé contre les erreurs possibles de la justice.

Voilà quelle est, en matière d'instruction préparatoire, la théorie vicieuse du Code de 1808, et il faut avouer qu'elle n'est pas suffisamment corrigée par la pratique. « Presque toujours, il est vrai, l'inculpé est interrogé plusieurs fois et beaucoup de juges d'instruction ont l'excellente habitude de clore l'information par un interrogatoire final, dans lequel ils relèvent minutieusement toutes les charges qui se sont produites. Mais ils n'y sont pas obligés et tous ne le font pas ; il en est même qui, se croyant habiles, évitent soigneusement de confronter le prévenu avec les témoins, de provoquer ses explications et de lui poser des questions de nature à lui laisser deviner la pensée de l'accusation, pour qu'il ne puisse pas se créer un système de défense. Dans leur endurcissement naïf, ils s'imaginent qu'ils sont à la guerre et qu'ils ont le droit de préparer des batteries cachées qui, se démasquant aux débats, porteront le trouble et la confusion chez l'ennemi. » (20)

Rassurez-vous, Messieurs, ce n'est pas moi qui me permettrais de juger en pareils termes l'attitude des magistrats instructeurs. Ces critiques émanent d'un homme bien placé pour voir l'instruction de près, pour savoir ce qu'elle est, pour apprécier ce qu'elle vaut ; elles ont été formulées

---

(29) M. RONDEAU, *op. cit.,* p. 46.

par un honorable conseiller à la Cour d'appel de Poitiers, M. RONDEAU.

Moins sévère que M. le conseiller RONDEAU, je reconnais volontiers que la pratique est supérieure à la théorie. Les rapports de la Magistrature et du Barreau sont toujours réglés par la plus exquise courtoisie et les magistrats donnent en général à la défense toutes les facilités compatibles avec les nécessités judiciaires; mais il me paraît inadmissible que la liberté de la défense soit subordonnée au bon vouloir d'un magistrat qui, à un moment donné et pour des raisons que je n'ai pas à prévoir, refusera peut-être une communication que la loi ne lui impose pas. Il serait bon qu'à la place de la *faculté* du juge, le législateur créât le *droit* de l'inculpé. « Tout en cette matière, a dit M. DUPIN, doit être réglé par la loi. C'est là surtout que la meilleure loi est celle qui laisse le moins à l'arbitraire du juge, de même que le meilleur est celui qui s'en permet le moins. » (21)

On objecte que la bonne foi des juges d'instruction ne saurait être suspectée, qu'ils dictent au greffier les dépositions telles qu'elles ont été faites et qu'ils recueillent exactement les déclarations des inculpés. Je suis le premier à reconnaître la pureté de leurs intentions, mais j'ai bien le droit de penser que la loi ne met pas assez les magistrats instructeurs en garde contre eux-mêmes. L'homme le plus impartial est soumis à certains entraînements qu'il

---

(21) M. DUPIN aîné, *De la libre défense des accusés.*

2

lui est souvent impossible de réprimer, parce qu'il ne les
connaît pas. Il faut compter avec la faiblesse humaine « et
avec l'influence que prennent à la longue sur l'esprit l'exer-
cice de la fonction et l'habitude professionnelle. » (22)
Assurément, je n'irai pas jusqu'à dire que le juge d'instruction voit toujours dans l'inculpé un coupable ; mais je
crains bien qu'il ne soit pas naturellement porté à présu-
mer l'innocence de ceux qu'il interroge. Allez chez un
médecin et faites-vous ausculter ; fussiez-vous l'homme
le mieux portant du monde, il vous trouvera quelque
maladie.

Oui, les juges d'instruction sont de fidèles et loyaux
exécuteurs de la loi ; mais la loi qu'ils ont mission d'appli-
quer est imparfaite..... Le jour n'est peut-être pas éloigné,
Messieurs, où chacune des imperfections de notre procédure préparatoire constituera un véritable danger pour la
liberté des citoyens ; ce jour-là, ceux qui combattent au-
jourd'hui la réforme seront bien aises de pouvoir réclamer
le bénéfice des garanties que je revendique au nom de
tous les honnêtes gens.

: Le législateur de 1808 a considéré que l'intérêt de la
poursuite était au-dessus de l'intérêt de la défense ; il a
subordonné celui-ci à celui-là, qui est un intérêt social.
La vérité, c'est que tous deux sont également respectables,
car, s'il est bon que l'auteur d'un crime soit puni, il importe

(22) Voir le discours prononcé à la Chambre des Députés, par
M. René Goblet, rapporteur du projet de loi : *Journ. Off.* du 5 novembre 1884.

que nul de nous ne soit l'objet de poursuites téméraires
pouvant aboutir à une condamnation injuste. M. Faustin-
Hélie s'est exprimé nettement à ce sujet dans son remarquable ouvrage sur le Code d'instruction criminelle : « Tous
les actes de la justice, dit-il, doivent nécessairement être
empreints d'activité et de prudence, de vigilance et de cir-
conspection. Car, si elle maintient l'ordre de la cité, si elle
protège la vie et les propriétés des citoyens, elle doit
assurer en même temps leurs droits et leurs libertés ; si
elle doit atteindre tous les délits, elle ne doit poursuivre
que les faits qui sont qualifiés tels par la loi ; si elle doit
faire luire aux yeux du coupable la certitude de la punition,
elle doit préserver l'innocent de la possibilité même d'une
prévention injuste. » (23) En d'autres termes, Messieurs,
frapper les coupables n'est pas la seule tâche de la justice
pénale ; elle en a une plus élevée que d'inspirer la crainte
au malfaiteur, c'est d'inspirer à l'innocent la confiance (24).

Notre Code d'instruction criminelle n'a jamais eu beaucoup d'admirateurs, et, au lendemain même de sa pro-
mulgation, les révisionnistes jetaient le cri d'alarme. La
raison — je suis bien obligé de le dire — c'est que le législateur de 1808 n'avait pas assez tenu compte de la volonté
nationale. Interrogez, en effet, les cahiers de 1789, qui
sont « le miroir fidèle de l'esprit public », et vous y verrez

---

(23) Tome IV, p. 7.

(24) V. l'ouvrage de M. Munier-Jolain, avocat à la Cour d'appel de
Nancy, *sur l'Instruction criminelle inquisitoriale et secrète*, et la
préface par M. Émile de Girardin.

les doléances du pays exprimées à la fois par le Clergé, par la Noblesse et par le Tiers-Etat. Les trois Ordres demandaient *unanimement* que la publicité de la procédure fût rétablie et que l'on fît désormais l'instruction *portes ouvertes et l'audience tenante* (25); ils voulaient aussi que l'assistance d'un conseil fût permise à l'accusé *dès le début de l'instruction* (26).

Par le décret des 8-9 octobre 1789, l'Assemblée constituante, faisant droit aux réclamations du pays, réforma radicalement l'état de choses existant. Désormais l'inculpé pourrait être assisté d'un conseil dès le début de la procédure d'information, et celle-ci serait publique. Dès que l'accusé aura comparu devant le juge, portait le décret, « tous les actes de l'instruction seront faits contradictoirement avec lui, publiquement et les portes de la Chambre d'instruction ouvertes. » (27) Les actes d'information antérieurs à l'arrestation de l'inculpé ne pourront lui être opposés qu'à la condition d'avoir été faits en présence de deux notables..... Cette réforme, Messieurs, a vécu ce que vivent

---

(25) *Cahiers du Tiers,* ville de Paris, Prudhomme, III, p. 159. — Dans ce sens, l'unanimité des *Cahiers du Tiers-Etat et de la Noblesse,* Prudh., III, p. 588, II, p. 387 et *Clergé* de Mantes et Meulan.

(26) Unanimité des cahiers de tous les baillages : *Clergé,* Prudh., I, p. 335; — *Noblesse,* II, p. 377 ; — *Tiers,* III, p. 548. — Voir, pour les détails, le remarquable ouvrage de M. Esmein, professeur à la Faculté de droit de Paris, sur l'*Histoire de la procédure criminelle en France.*

(27) Art. 10, 11, 12, 13 et 14 du décret. — Pour les détails, voir l'ouvrage de M. Esmein, p. 411.

les réformes radicales, quelques années à peine; le décret de 1789 fut successivement entamé par les lois de 1791, de l'an IV et de l'an XI.

Ce qu'a fait l'Empire, vous le savez ; je n'y reviens pas.

Une Commission extra-parlementaire avait été, en 1870, chargée par le Gouvernement (28) d'étudier les améliorations à introduire dans l'œuvre de 1808. Les douloureux événements qui survinrent ne lui permirent pas de remplir sa mission.

En 1878, sur l'initiative de M. DUFAURE, alors Garde des Sceaux, une nouvelle Commission extra-parlementaire, présidée par M. FAUSTIN-HÉLIE, reprit l'œuvre de la première. Après les plus sérieuses réflexions, ses membres organisèrent à l'unanimité la défense des inculpés pendant l'instruction préparatoire et ils admirent la présence du défenseur, non seulement dans la prison à côté de l'inculpé, pour le conseiller et lui faire connaître les principes du droit qu'il peut ignorer, mais encore dans le cabinet du juge. Cette Commission émettait le vœu que le défenseur pût toujours accompagner l'inculpé, assister aux interrogatoires, surveiller leur rédaction ; que les témoins fussent, sauf des cas exceptionnels laissés à l'appréciation du magistrat instructeur, entendus par lui en présence de l'inculpé ; et enfin, que l'inculpé ainsi que son conseil eussent le droit d'*interpeller les témoins pour les mettre*

---

(28) Circulaire de M. Emile OLLIVIER, Garde des Sceaux (12 mai 1870).

en contradiction avec eux-mêmes. Bref, la Commission voulait, suivant les termes de son rapport, « établir un régime absolument contradictoire entre le Ministère public et l'accusé devant un juge d'instruction écoutant et restant impartial sur son siège. » (29)

La Commission nommée par le Sénat n'est pas allée aussi loin dans la voie de la réforme. « Mais, a dit son rapporteur M. DAUPHIN (30), du principe posé par la Commission extra-parlementaire il est resté et il devait rester une chose excellente, c'est cette idée de la *contradiction*, cette idée de mettre en présence, dans une mesure sage et réfléchie, bien entendu, d'une part l'accusation, d'autre part la défense, afin de donner à celle-ci les mêmes garanties que la législation actuelle a données à l'accusation et que peut-être elle a mesurées un peu chichement à la défense ; de donner à la défense des droits, je ne dirai pas absolument égaux, car il faut nécessairement que la société conserve le dessus pour arriver à la découverte des crimes, mais des droits à peu près égaux à ceux de l'accusation, et sans sacrifier l'une à l'autre. »

Il y a deux ans, le Sénat, saisi du projet de réforme, a, pendant de nombreuses séances, mûrement étudié le difficile problème qui lui était soumis. Admettant le principe de la *contradiction*, il a accordé au défenseur le droit de consulter pendant l'instruction les pièces de la procé-

---

(29) V. le discours de M. DAUPHIN, rapporteur de la loi devant le Sénat, *Journal Off.*, 7 mai 1882, p. 406.

(30) *Ibidem.*

dure (31), mais il lui a interdit l'accès du cabinet du juge. Le projet organise ce qu'on a justement appelé l'*autopsie de la procédure* ; c'est le contrôle après coup, lequel ne peut assurément pas avoir toute l'efficacité du contrôle contemporain des actes (32). D'ailleurs, ces garanties insuffisantes du contrôle après coup s'évanouissent en vertu des textes mêmes qui les établissent, toutes les fois que le juge d'instruction le veut. Pas une de ces garanties n'est obligatoire, elles sont toutes facultatives au gré du magistrat. Ainsi, après avoir accordé à l'inculpé le secours de l'avocat, le projet autorise le juge d'instruction à interdire tous rapports entre l'inculpé et son conseil (33). De même — et ce ne sont là que des exemples — le projet décide que le défenseur aura le droit d'étudier le dossier pendant l'instruction, mais il a soin d'ajouter que le juge sera libre de refuser au conseil la communication des pièces (34). Le projet du Sénat n'est en réalité qu'un *immense mirage* et je ne crois pas qu'il soit appelé à l'honneur de figurer dans nos Codes (35).

Au mois de novembre dernier, trois jours ont suffi à la Chambre des Députés pour étudier les 220 articles soumis

---

(31) Sauf le cas de *mise au secret.* Voir *le Journal Officiel* (mai 1882).

(32) *De la réforme du Code d'instruction criminelle* par M. LÉVEILLÉ, professeur à la Faculté de droit de Paris — 1882, p. 12.

(33) Art. 114 et 139 du projet.

(34) Art. 141 dn projet.

(35) Ces judicieuses observations sont empruntées à la brochure de M. LÉVEILLÉ. V. p. 27.

à son examen ; elle s'est bornée à ratifier, presque sans discussion, le travail de sa Commission, qui avait elle-même
purement et simplement repris pour son compte le projet
du Gouvernement. Ce qui distingue la Chambre du Sénat,
c'est donc *qu'elle accepte l'intervention du défenseur même
dans le cabinet du juge et qu'elle lui permet de prendre
la parole pendant l'instruction* (36). Bien qu'il soit de
beaucoup moins imparfait que celui du Sénat, ce projet ne
me semble pas être à l'abri de tout reproche et il ne faut
l'accepter qu'après avoir sur plusieurs points formulé des
réserves (37).

Je suis d'avis que l'instruction préparatoire doit cesser
d'être secrète, sans accepter toutefois l'introduction en
France du système anglais, d'après lequel le rassemble-
ment des preuves s'effectue en public, toutes portes
ouvertes ; je redoute ce contrôle direct par le peuple au
début de l'instruction. Pour éviter les erreurs de la justice, il n'y a pas besoin d'une foule sans compétence et
toujours avide de scandale. Je demande seulement qu'à la
méthode *secrète* on substitue la méthode *contradictoire*,
c'est-à-dire que, dès l'origine de la poursuite, l'inculpé mis

---

(36) Avec l'autorisation du juge d'instruction (art. 159 du projet.)

(37) 1° La Chambre admet que l'avocat pourra *discuter* dans le
cabinet du magistrat instructeur; 2° elle maintient la *mise au secret*
en décidant qu'elle sera *en principe opposable au défenseur ;* 3° elle
autorise le conseil à participer aux actes matériels de l'instruction
(perquisitions, saisies, etc.) et cela d'accord avec le Sénat. — Sur
ces trois points, il m'est impossible d'approuver le projet (V.
infrà).

en état de détention préventive ait à côté de lui un défenseur capable de le diriger et de lutter à armes égales avec
l'accusation. Il faut qu'au début même de l'instruction, la
loi mette tout en œuvre pour que la lumière se fasse; or
j'ai toujours entendu dire par les magistrats eux-mêmes
que les avocats étaient les auxiliaires de la justice; ils
n'ont, eux aussi, qu'un but vers lequel convergent tous
leurs efforts : la Vérité.

Ce système a été préconisé par les criminalistes les plus
éminents. Tous protestent contre l'omnipotence des juges
d'instruction et réclament l'adoption de la méthode *contradictoire*.

C'est d'abord M. DAUPHIN, ancien Procureur général à
la Cour d'appel de Paris, rapporteur de la Commission
devant le Sénat : « Pour contredire à quelqu'un, il faut
que ce soit en connaissance de cause, a-t-il dit. Eh bien,
dans les trois quarts des circonstances, permettez-moi de
vous demander si l'inculpé est capable de contredire à lui
tout seul, s'il peut répondre, s'il peut, sur le résumé même
qui aura été fait par le juge d'instruction, apprécier complètement l'ensemble des charges qui pèsent sur lui et
découvrir les passages qui peuvent lui être favorables. »

« La contradiction étant née, continue M. DAUPHIN, il
faut la rendre sérieuse et efficace..... autoriser les confé-
rences entre l'avocat et son client. C'est la préparation, la
réflexion de la contradiction. » (38)

____

(38) V. le discours de M. GOBLET à la Chambre des Députés,
Journ. Off. du 5 novembre 1884.

L'avis de M. Bérenger n'est pas moins catégorique.
« Tous ceux qni ont écrit sur la question, a-t-il dit au
Sénat, même les magistrats instructeurs, ont. reconnu que
s'il y avait quelque chose à faire, c'était dans l'extension
de la défense ; que s'il y avait quelque chose à reprendre
dans notre Code, c'était cet excès de pouvoir donné au
juge d'instruction, c'était cet arbitraire — je prends le mot
dans son bon sens — ce pouvoir sans contrôle, cette autorité en quelque sorte souveraine, discrétionnaire, qui peut
tout ordonner, qui peut tout empêcher et cela dans un
mystère qu'aucun contrôle ne peut pénétrer. » (39) « Il
n'est malheureusement pas vrai, a-t-il ajouté, que l'innocence ni la vérité puissent toujours se défendre par elles-
mêmes. S'il en était ainsi, il faudrait pousser plus loin et
interdire la défense jusqu'au bout, même devant le Tribunal de jugement..... Non, même dans les affaires,
simples en général, de la police correctionnelle, il se
place des confusions de fait, des contradictions dans les
témoignages ; souvent aussi des questions d'appréciation
juridique délicates obscurcissent la vérité et nécessitent
l'intervention d'un défenseur..... Il y aussi ce sentiment
de défiance qui s'attache à l'homme qui est déjà sous les
verroux et diminue le crédit de sa parole. » M. Bérenger
conclut en déclarant que la défense sans défenseur n'est
qu'un mot (40).

---

(39) Sénat, V. *Journ. Off.* du 22 mai 1882.
(40) Voir le discours de M. Goblet à la Chambre des Députés,
ourn. Off. du 5 novembre 1884.

Ecoutez ce que dit M. GUILLOT, juge d'instruction à Paris, dans l'ouvrage qu'il a récemment publié sur la réforme de l'instruction criminelle : « Loin de redouter l'intervention de l'avocat, nous déclarons hautement la considérer comme *indispensable* à tous les points de vue dès le début de l'instruction. En premier lieu, la simple équité l'exige ; le juge reçoit les réquisitions du Parquet, il entretient avec lui des rapports de tous les instants ; ne doit-il pas prêter une oreille également attentive aux observations de la défense ?..... Si l'avocat représente des intérêts privés, il n'en contribue pas moins à rendre l'instruction plus parfaite en y introduisant la contradiction..... Rien n'éprouve comme la discussion, et c'est bien souvent en écoutant l'avocat, en lui permettant de suivre l'information pas à pas dans tous ses développements, que le juge s'aperçoit de certaines lacunes, comprend la valeur de certains arguments et s'affermit dans sa conviction. » (41)

Enfin, l'instruction secrète énergiquement combattue par les avocats, par la magistrature elle-même, est également condamnée par la Faculté. « Contre l'autorité discrétionnaire du juge, s'écrie M. LÉVEILLÉ, professeur à l'Ecole de droit de Paris, contre les abus de pouvoir possibles, l'inculpé est-il protégé par la publicité de l'instruction ? Non. L'instruction, si longue qu'elle soit, à quelqu'époque

---

(41) *Les principes du nouveau Code d'instruction criminelle*, par M. GUILLOT, juge d'instruction à Paris, 1884. V. p. 23.

qu'on l'étudie, demeure secrète ; c'est à huis-clos que le juge entend les témoins, interroge l'inculpé, quand il le veut, comme il le veut, aussi souvent ou aussi rarement qu'il le veut. L'inculpé est donc scientifiquement désarmé. Le Code a organisé, sous le nom d'instruction préparatoire, une procédure purement offensive ; tout est disposé dans l'œuvre du législateur en vue de cette hypothèse unique : l'inculpé est coupable......... » « Je pense, ajoute M. LÉVEILLÉ, que la première condition de l'ordre, c'est la répression sévère des crimes ; on ne doit pas gêner, on doit favoriser la recherche des preuves et la démonstration des culpabilités. J'estime, dès lors, que le juge instructeur doit être armé de moyens puissants, de moyens irrésistibles d'investigation..... Mais, en retour de cette liberté d'action, que je concède aux fonctionnaires pleine et entière, il est une garantie qui n'existe pas au cours de l'instruction préparatoire actuelle, une garantie qui est cependant le contrepoids logique et la condition *sine quâ non* du pouvoir illimité des juges ; cette garantie nécessaire, qu'il faut inscrire dans la loi nouvelle, c'est le contrôle effectif et immédiat des actes, de tous les actes des officiers de justice. » (42)

Quelle que soit, Messieurs, mon envie de rompre la monotonie de ces citations, je ne puis résister au désir de vous faire connaître la circulaire que M. le Procureur de

---

(42) *De la réforme du Code d'instruction criminelle*, par M. Jules LÉVEILLÉ, professeur à la Faculté de droit de Paris. — 1882, voir p. 6 et 10.

la République près le Tribunal de la Seine adressait, il y a quelques mois, aux juges d'instruction de son ressort :

« C'est l'un des principes de notre législation, porte cette circulaire, que tout inculpé a le droit d'avoir un défenseur. L'article 294 du Code d'instruction criminelle enjoint au Président de la Cour d'assises de donner un conseil à l'accusé et dans le projet de réforme, projet déjà voté par le Sénat, on propose de confier au magistrat instructeur le même soin à l'égard de tous les inculpés. De leur côté, la Magistrature et le Barreau se sont toujours efforcés d'assurer le plus largement possible la défense gratuite de tous ceux qui doivent comparaître en justice.

« Vous penserez comme moi, j'en suis convaincu, Monsieur le juge d'instruction, que, sans vouloir innover, ni devancer l'œuvre du législateur, nous nous conformerons à l'esprit du Code lui-même en remplissant vis-à-vis des inculpés ce rôle de protection qui rentre si bien dans les devoirs les plus élevés de notre ministère, c'est-à-dire en facilitant ou même en provoquant de leur part, dès le début de l'information, soit l'appel à un défenseur connu d'eux, soit le recours à M. le Bâtonnier de l'Ordre des avocats, qui s'empresserait de leur en désigner un. »

Voilà, Messieurs, un acte de libéralisme auquel je me plais à rendre hommage ; je me hâte d'ajouter que cet appel généreux d'un Parquet n'a pas été entendu. Vous allez voir, en effet, que M. GUILLOT, après avoir pris à l'égard des avocats les précautions oratoires commandées par l'usage, refuse de les admettre dans son cabinet d'instruction, parce qu'en les y introduisant on ferait naître des abus intolérables. Les avocats n'ont pas tous, à son gré, « la même délicatesse de conscience, le même respect de leur ministère » ; il s'en trouvera sans doute qui, par un mot, par un regard, dicteront leur réponse aux inculpés ou les inviteront à se rétracter; d'autres leur conseilleront de ne se prêter à aucun interrogatoire. Nous verrons plus tard ce qu'il faut penser de ces appréhensions (43).

Pour le moment, je constate que le Code de 1808 n'a plus guère de partisans convaincus et que la réforme est sollicitée par la doctrine, par la magistrature, comme par nous-mêmes. Tous les révisionnistes sont en outre d'accord sur ce point qu'il doit y avoir contradiction dans l'instruction préparatoire et que, pour être efficace, la contradiction doit être accompagnée de la présence d'un défenseur (44). Mais sera-ce toujours et dans tous les cas, ou, au contraire, certains actes de l'instruction seront-ils exceptés de cette règle ? C'est ici qu'existe la divergence entre le Sénat et la Chambre des Députés, c'est sur cette question délicate qu'il me reste à m'expliquer franchement et à prendre parti.

Je crois, Messieurs, qu'il faut avec M. GOBLET, le rapporteur du projet de loi à la Chambre, distinguer deux catégories d'actes d'instruction. L'une ne comprend que

---

(43) M. GUILLOT, *op. cit.*, p. 141, 149, 152.

(44) V. le discours de M. RENÉ GOBLET à la Chambre des Députés, *Journ. Off.* du 5 nov. 1884.

des actes purement matériels, comme les transports, les constatations de fait, les saisies, les perquisitions et les expertises ; dans l'autre je place les actes qui, à la différence des premiers, ne sont pas purement matériels : c'est l'audition des témoins, ce sont les interrogatoires de l'inculpé (45).

Le Sénat et la Chambre sont d'accord pour admettre la présence de l'inculpé et de son défenseur aux actes de constatation et d'expertise, aux saisies, aux perquisitions ; tous deux pourront participer aux actes d'instruction purement matériels. C'est, au contraire, pour ces actes que le juge d'instruction doit, à mon sens, être déchargé du contrôle. Si je demande la contradiction dans la procédure préparatoire, c'est parce que l'inculpé n'est pas à lui seul capable de défendre ses intérêts et c'est aussi parce que le juge, comme nous imparfait, peut commettre des erreurs ; il faut qu'il y ait à côté de lui un défenseur à même de les relever.

Mais, quand il accomplit un de ces actes purement matériels dont je vous ai parlé, quand il saisit des papiers, quand il va mesurer les empreintes laissées par l'auteur d'un crime ou d'un délit, quand il procède à la constatation des traces d'effraction ou d'escalade, il me paraît presque impossible que le juge se trompe. D'ailleurs, les personnes qui, en dehors de l'inculpé lui-même, assistent nécessairement à ces opérations sont là pour corriger les

---

(45) Voir la note 44.

inexactitudes commises et appeler sur elles l'attention du magistrat instructeur.

Il est, au contraire, indispensable que le contrôle puisse s'exercer lorsqu'il s'agit d'entendre des témoins ou d'interroger l'inculpé.

Quand le juge interroge, il écoute avec attention, avec bienveillance — je le concède pour un instant —; il cherche à se pénétrer de l'esprit du récit qui lui est fait, de manière à pouvoir le reproduire avec exactitude. « Mais, dit M. GUILLOT, c'est une œuvre délicate que la dictée d'explications incohérentes et prolixes ; ce sont mille nuances à saisir, des intonations à noter, des mots typiques à retenir, des exclamations à saisir au vol, des gestes à indiquer, jusqu'à des larmes qui ont leur éloquente signification et dont il ne faut pas effacer les traces ; un procès-verbal doit être un miroir fidèle et pur sur lequel l'image vient se fixer sans rien perdre de sa couleur et de son expression. » (46) J'ai voulu placer sous vos yeux, sans y rien changer, ces paroles de M. GUILLOT, parce qu'il est impossible de mieux comprendre et de mettre mieux en relief toutes les difficultés et tous les périls de la tâche du magistrat instructeur.

L'audition des témoins n'est pas une opération moins délicate que l'interrogatoire. Il est rare que les témoins s'expriment clairement ; ils répondent sans précision le plus souvent aux questions qui leur sont posées par le

---

(46) V. *Op. cit.*, p. 147.

juge. Celui-ci traduit leurs explications et les dicte à son greffier comme il les a comprises. Mais les a-t-il bien comprises ? Aucune nuance ne lui a-t-elle échappé ? Encore une fois, pour être juge on n'en est pas moins homme, c'est-à-dire imparfait et sujet à l'erreur ; le magistrat le plus intelligent, le plus loyal et le plus habile, peut se tromper. Il est donc indispensable qu'un contrôle s'exerce, non pas seulement le contrôle du principal intéressé, de l'inculpé, mais aussi le contrôle de son défenseur, seul capable de suivre utilement l'audition et de donner à la défense sa véritable efficacité (47).

Je suis toutefois le premier à reconnaître que l'instruction judiciaire ne doit être en rien contrariée par l'intervention du défenseur et son introduction dans le cabinet du juge (48). Aussi me garderai-je bien d'admettre, avec le projet primitif du Gouvernement, que l'avocat aura le droit d'interpeller les témoins et de discuter avec eux. Je ne demande pas qu'il prenne la parole, je désire même qu'on la lui refuse, parce que l'heure des débats n'a pas encore sonné (48 *bis*). Mais, si le défenseur ne peut pas

---

(47) V. le discours de M. GOBLET à la Chambre, *Journ. Off.* du 5 novembre 1884.

(48) V. la brochure de M. LÉVEILLÉ déjà citée p. 14.

(48 *bis*) L'article 51 du projet adopté par le Sénat et par la Chambre des députés rétablit en ces termes la *Chambre du Conseil*, supprimée en 1856 : « Le ministère public, la partie civile et l'inculpé peuvent requérir le juge d'instruction de prendre toutes les mesures qu'ils croient utiles à la découverte de la vérité, et, sur son refus, lequel doit être formulé par une ordonnance *motivée*, ils ont le droit de

discuter, il pourra transmettre au juge ses observations, lui demander de poser aux témoins telle question qui lui paraîtra opportune, ou requérir telle mesure d'instruction qu'il croira nécessaire. Qu'on ne me dise pas que, malgré les efforts du magistrat instructeur, la discussion s'engagera prématurément entre le Ministère public et la défense. Ce sont des craintes chimériques. Il n'y aura pas ici plus de difficulté à empêcher la discussion qu'il n'y en a devant le jury; or, je ne sache pas qu'à la Cour d'assises la discussion se soit quelquefois engagée, malgré le Président, pendant l'interrogatoire de l'accusé ou l'audition des témoins.

On n'a pas ménagé les critiques aux projets votés par le Sénat et par la Chambre; je crois les avoir toutes examinées, mais il m'est impossible de vous les faire connaître toutes. Le temps me manque pour m'arrêter aux détails et je suis contraint à n'étudier la réforme que dans ses grandes lignes.

D'après ces projets, a-t-on dit d'abord, une fois que

---

saisir la *Chambre du Conseil.* » M. BRUNET, au Sénat, a très justement critiqué cette innovation en signalant un double inconvénient. D'une part, il se produira des retards multiples, dommageables aux prévenus ; « d'autre part, des préventions — parfaitement conscientieuses, mais d'autant plus dangereuses — accompagneront le juge sur son siège le jour du jugement sur le fond (en police correctionnelle). » L'obligation de motiver l'ordonnance de refus, imposée par le projet de loi, est, il me semble, une garantie suffisante pour les inculpés. V. le discours de M. BRUNET au Sénat, *Journ. Off.* du 28 juillet 1882, *Débats parlementaires*, p. 921.

l'avocat est désigné, il est obligé d'intervenir à chaque instant ; il faut qu'à la veille de l'interrogatoire, il se dérange pour consulter le dossier et qu'ensuite il se rende à la prison pour conférer avec son client. Il peut accompagner le magistrat instructeur toutes les fois qu'il se transporte, soit pour procéder à des constatations, soit pour faire des perquisitions. Ce sont « des obligations ambulatoires qui exigeront des avocats non seulement un dévouement sans bornes, mais des loisirs peu compatibles avec une situation importante. » (49)

Messieurs, je ne refuse pas de reconnaître *dans une certaine mesure* le bien fondé de cette objection, mais je réponds qu'elle n'atteint pas ceux qui dénient à l'avocat le droit de participer aux actes purement matériels de l'instruction. Est-il vrai, d'ailleurs, que le Barreau sera surchargé et qu'il ne pourra suffire à sa tâche ? Je ne comprends vraiment pas pourquoi ; si le nombre des juges est limité, celui des avocats ne l'est pas. Ce qui est vrai, c'est que la réforme créera un aliment nouveau pour le jeune Barreau. Personne, je suppose, ne le regrettera ; en ce qui me concerne, je ne m'en plaindrai pas et je suis bien sûr qu'aucun de mes confrères du stage ne craindra d'être un jour surchargé.

Au lieu de se payer de mots, il faut aller au fond des choses. Dans le système que je vous propose, l'avocat pourra à tous les moments de l'instruction se faire commu-

---

(49) M. GUILLOT, *op. cit.* p. 174.

niquer la procédure ; ce n'est assurément pas ce qui lui
fera perdre beaucoup de temps. Il pourra aussi assister à
l'audition des témoins, aux interrogatoires de l'inculpé,
aux confrontations ; mais, remarquez-le bien, il n'y sera pas
tenu et il n'usera certainement pas de ce droit en présence
d'un juge d'une habileté et d'une loyauté reconnues. C'est
seulement dans des cas exceptionnels que le défenseur
imposera au magistrat son contrôle et je puis encore
répondre que cela ne lui occasionnera ni trop de déran-
gement, ni trop de fatigue.

Mais, ajoute-t-on, il y a bien d'autres difficultés d'appli-
cation. Quand les témoins doivent être entendus à de
grandes distances par voie de commission rogatoire, le
prévenu aura-t-il le droit d'exiger son transport pour assister aux dépositions ? Oui, dit-on, et cela entraînera des
lenteurs et des frais. A mon avis, on trouve des difficultés
là où il n'y en a pas. Il me semble, en effet, que l'inculpé
pourrait être très utilement représenté par un avocat ou
un avoué nommé d'office et choisi dans le ressort du Tribunal chargé de recevoir les dépositions.

Les adversaires de la réforme la trouvent encore inutile,
parce que, disent-ils, l'instruction n'est qu'un examen
préparatoire de l'affaire et que l'inculpé ne court un
danger véritable qu'après sa clôture et lors du jugement.
Or, à ce moment, dit-on, toutes les mesures sont prises par
la loi pour lui assurer les garanties auxquelles il a droit :
l'audience est publique, c'est le jury, c'est-à-dire le peuple
lui-même, qui prononce la sentence, l'avocat peut se pré-

senter à la barre et dire tout ce qui est utile à la défense. Devant le jury, les pièces de la procédure d'information ne valent que comme simples renseignements ; le jury n'est pas lié par les déclarations du magistrat instructeur. Donc, conclut-on, les défectuosités de l'instruction préparatoire sont corrigées et rachetées par la perfection des règles qui président au jugement (50).

M. LÉVEILLÉ répond très bien que si l'instruction préparatoire n'est pas la lutte, elle est en quelque sorte l'*investissement*; or, les places investies sont des places à peu près perdues. Non, il n'est pas vrai que le jugement soit presque tout et l'instruction presque rien. Les procès-verbaux de l'information sont versés aux débats par le Président de la Cour d'assises, en vertu de son pouvoir discrétionnaire, toutes les fois qu'il le juge utile, et le Ministère public ne manque jamais de s'en faire une arme contre l'accusé.

Vous savez que les magistrats instructeurs ne se contentent pas du régime ordinaire de la prison et que, le plus souvent, ils ordonnent la *mise au secret*. Eh bien, Messieurs, outre que c'est une mesure d'une excessive rigueur, c'est un détestable moyen d'information qui ne saurait d'aucune manière faciliter la découverte de la vérité. Quelle peut être, en effet, la valeur d'un aveu échappé sous l'empire de la crainte ? Pourquoi la douleur physique ou morale ferait-elle plutôt confesser ce qui est que ce qui

---

(50) M. LÉVEILLÉ, *op. cit.*, p. 9.

n'est pas ? Si l'innocent a assez de force pour supporter la *mise au secret* sans avouer, pourquoi le coupable avoue-rait-il, alors que son silence lui assure peut-être la vie ou la liberté ? Comme l'a très bien fait remarquer LA BRUYÈRE : La mise au secret « est une invention sûre pour perdre un innocent qui a la complexion faible et sauver un coupable qui est né robuste. »

Malgré les récriminations qu'elle soulève, la *mise au secret* a été de tout temps pratiquée et elle est plus que jamais en honneur dans nos instructions judiciaires. Tout le monde pourtant sait les résultats déplorables qu'elle peut amener.

En 1862, une femme, Rosalie Doise (51), était accusée du plus atroce de tous les crimes : le parricide. Pressée de questions par le juge, elle persistait à se dire innocente : on la mit *au secret*. Quelques jours plus tard, brisée par la torture du cachot, elle demandait à faire au magistrat ins-tructeur une communication importante : elle se déclarait l'assassin de son père. Après cette révélation, la procédure fut close et bientôt la Cour de Douai avait à statuer sur le sort de cette infortunée. A l'audience, elle rétracta ses aveux avec une énergie désespérée, mais ce fut peine inutile ; on la condamna aux travaux forcés à perpétuité..... Elle faillit être condamnée à mort ! Un an après, Messieurs, les meurtriers se dénonçaient eux-mêmes à la justice.

C'est, j'en conviens, un cas presque isolé, mais j'ai tou-

---

(51) Voir la *Gazette des Tribunaux* des 17-18 novembre 1862.

jours présentes à la mémoire ces belles paroles prononcées par le Président DE LAMOIGNON pendant la discussion de l'ordonnance de 1670 : « Entre tous les maux qui peuvent arriver dans la distribution de la justice, aucun n'est comparable à celui de faire mourir un innocent. Il vaudrait mieux absoudre mille coupables. » (52)

Il n'est donc pas vrai de dire que le jury n'est pas influencé par la procédure préparatoire; c'est elle, au contraire, qui le plus souvent motive son verdict. Voilà pourquoi il est utile que l'inculpé soit, dès le début de l'instruction, protégé contre le juge, protégé aussi et surtout — si vous le voulez — contre lui-même ; voilà pourquoi je réclame l'intervention de l'avocat et son admission dans le cabinet du juge instructeur. Son intervention devra être absolument libre, car c'est à cette condition seulement qu'elle sera véritablement efficace; si donc la *mise au secret* est maintenue, elle ne devra jamais être opposable au défenseur.

Enfin, dit-on, prenez garde ; cette réforme qui est inutile, qui, si elle est votée, sera inapplicable, elle est encore dangereuse, même en tenant compte des atténuations au projet primitif proposées par le Sénat. On ne craint plus que l'avocat recommande le silence à son client et lui conseille de ne se prêter à aucun interrogatoire. Non. Il lui recommandera, au contraire, de parler; mais quand l'in-

____

(52) Voir le procès-verbal de l'ordonnance de 1670, t. XIV, art. 8, p. 102.

culpé se présentera devant le juge, il ne sera plus lui-
même, c'est l'avocat qui parlera par sa bouche. « L'inculpé
aura été averti, préparé, façonné, stylé par le défenseur. » (53) J'ai le regret de constater que ces paroles ont
soulevé les applaudissements d'une partie du Sénat; moi,
je trouve qu'elles sont profondément blessantes pour le
Barreau.

« Il y a, continue l'orateur, non pas seulement à Paris,
mais dans les principaux sièges judiciaires de France, il y
a le grand Barreau, il y a une élite avec des individualités
brillantes, puissantes, que j'admire et que je respecte ; il y
a ensuite le Barreau moyen avec beaucoup d'honorabilité
et avec beaucoup de talent. Et puis, il y a le Barreau qui
n'est ni le grand, ni le moyen, je ne veux pas dire le
petit Barreau. Celui-là fait comme il peut ; il a le désir de
plaider et il prend volontiers le chemin de la maison d'arrêt, lorsqu'il y est appelé par les détenus. » (54)

C'est parmi les avocats de ce qu'on appelle le petit
Barreau « que se recrutera le personnel des défenseurs,
qui s'adonneront particulièrement à suivre pas à pas les
procédures criminelles et qui deviendront des habitués de
l'information, des praticiens de l'instruction, des spécia-
listes, des préparateurs aux interrogatoires. » (55)

Messieurs, vous ne me pardonneriez pas de laisser sans

---

(53) *Journal Officiel* du 7 mai 1882. Sénat, p. 403. Discours de
M. GRANDPERRET.
(54) *Ibidem*, p. 404.
(55) *Ibidem*, p. 404.

réponse ces insinuations malveillantes, vraiment regret-
tables de la part d'un homme éminent, ancien ministre de
la justice, ancien magistrat, qui a été et qui est encore
avocat.

Certainement, il a pu se rencontrer dans le Barreau —
dans le grand et le moyen comme dans le petit Barreau —
des avocats indignes de ce titre, qui ont parfois oublié le
respect dû à nos belles traditions, mais de pareils faits ont
toujours été sévèrement réprimés ; j'ajoute avec un légi-
time orgueil que les mauvais exemples parmi nous ne sont
pas contagieux. Les abus et les manquements à nos règles
professionnelles sont frappés sans faiblesse par le Conseil
de discipline et flétris par l'Ordre tout entier.

Les avocats ne sont assurément pas tous des hommes de
talent ; mais quand il s'agit de loyauté et de délicatesse, je
dis qu'en dépit des doutes du Sénat, il n'est plus possible
de distinguer le grand, le moyen et le petit Barreau. Quand
on parle de probité, il n'y a que le grand Barreau, celui
qui a fait dire au chancelier d'AGUESSEAU : « L'Ordre des
avocats est aussi noble que la vertu. » (56)

---

(56) OEuvres de d'AGUESSEAU, *discours sur l'indépendance de
l'avocat*, t. I, p. 3.

Imprimerie MOUGIN-RUSAND, rue Stella, 3, Lyon.

www.ingramcontent.com/pod-product-compliance
Ingram Content Group UK Ltd.
Pitfield, Milton Keynes, MK11 3LW, UK
UKHW021010120726
13693UKWH00004B/1885